AU ROI

ET

À LA NATION,

SUR LA CRISE ACTUELLE

ET LE COUP D'ÉTAT TENTÉ INVOLONTAIREMENT
PAR LA DERNIÈRE CHAMBRE DES DÉPUTÉS,

ou

DE LA DISTINCTION ÉTABLIE PAR LA CHARTE
ENTRE LE POUVOIR ABSOLU ET LE POUVOIR RÉEL OU RELATIF
DU ROI ET DES CHAMBRES.

PAR UN ENFANT DE LA RÉVOLUTION.

> La première condition de la tranquillité et de la force d'un
> État, est le respect religieux de cet État pour le pacte par
> lequel il est régi ; et parmi les divers pouvoirs législatifs
> ou dirigeans, celui-là qui y porte la première atteinte est
> coupable de tous les maux qui peuvent en résulter pour le
> pays. *(Page 29.)*

PARIS.

IMPRIMERIE-LIBRAIRIE DE G. A. DENTU,

RUE DU COLOMBIER, Nº 21 ;

et Palais-Royal, galerie d'Orléans, nº 13.

M D CCC XXX.

Quel motif a pu engager un homme, dont le nom est inconnu parmi nos publicistes, à s'essayer sur une matière qui a été traitée *ex professo* par nos écrivains les plus distingués?

C'est qu'en ayant peut-être au fond, sur beaucoup de points, les mêmes sentimens qu'un grand nombre d'entre eux, son opinion cependant diffère entièrement de la leur.

C'est qu'il nous semble que la plupart, cédant à cette impulsion qui nous entraîne invinciblement, lorsque notre esprit est préoccupé d'une idée fixe, ont trop abondé dans cette idée; ils ont écrit pour le roi ou pour la ligue, et ne se sont véritablement occupés de la nation qu'en ce sens, qu'elle comprend la ligue comme le roi, puisqu'elle est composée de tous les Français.

Au lieu de faire comme ces avocats consciencieux qui, non contens de présenter sous le jour qui lui est favorable l'affaire confiée à leurs soins, abordent franchèment la discussion des moyens que peut opposer la partie adverse, et élèvent même leur noble ministère jusqu'à ces hautes considérations qui intéressent la société tout entière, n'a-t-on pas un peu trop, dans cette polémique, joué le rôle de ces rhéteurs dont l'éloquence subtile ne s'attache qu'à un côté de la question, et qui réunissent adroitement en faisceau tout ce qui peut le faire ressortir, sans s'inquiéter de ce qu'on peut leur opposer de l'autre côté, ni des principes fondamentaux de l'ordre social, et par conséquent n'arrivent point au but, ou ne remplissent pas la moitié de leur tâche?

Tels deux joueurs d'échecs, chacun entièrement absorbé par le coup qu'il médite, ne voient pas, comme la galerie, celui que va leur porter leur adversaire. Mais ici, et lorsqu'une grande nation est en jeu, la partie est trop forte, et la galerie y est trop intéressée pour qu'il lui soit permis de garder le silence.

Essayons donc si un homme qui fait partie de cette galerie ; si un Français qui n'est ni électeur, ni député, ni journaliste, ni pamphletaire, ni démagogue, ni ministériel ; qui n'est, enfin, ni pour César ni pour Pompée, et qui a cependant une opinion aussi fermement établie que ses principes, pourra, avec le simple bon sens, avec les seules lumières de sa raison, guidé par sa franche nationalité, par un sincère amour pour son prince et pour son pays, présenter sous son véritable point de vue la question qui occupe aujourd'hui toute la France.

Mais qui êtes-vous, nous dira-t-on, vous qui semblez nous dire impertinemment avec Horace :

Favete linguis.

Qui nous sommes ? qu'importe ! Qu'il suffise de savoir que sans être encore, grâce au Ciel, ni caduc ni décrépit, nous avons suivi, avec cet esprit d'observation qui est notre seul mérite, toutes les phases politiques sous lesquelles l'orbite de la France est apparue depuis 1789 ; que nous nous sommes, quoiqu'inaperçu, trouvé placé au milieu de la plupart de ceux qui, dans un sens ou dans un autre, ont joué un rôle dans ses révolutions si diverses ; enfin, que si nous n'avons pas été étudier le mécanisme des gouvernemens représentatifs chez nos maîtres les Anglo-Saxons-Normands, nous avons du moins vu cette Scandinavie, qui peut, à aussi juste titre que la Grande-Bretagne, être considérée comme la terre classique de la liberté, et où règne aujourd'hui ce *roi - modèle*, qui n'est autre pourtant qu'*un enfant de la révolution.*

Veut-on maintenant exiger de nous, comme on l'exige des ministres, une profession de foi préalable, avant de *concourir* à la lecture, à l'éloge ou au blâme de notre opuscule, où cette déclaration de principes sera naturellement consignée ? Qu'à cela ne tienne.

Voici ce qu'a dit de nous le *Journal des débats*, en novembre 1824 :

« Il paraît chez Dentu une brochure intitulée *le Roi et la France,* ou *l'Echo du peuple français,* brochure écrite dans un très -bon esprit, et contenant l'aperçu rapide de tout ce que le ministère fait de mal, ainsi que du bien qu'il ne fait pas ou qu'il empêche les citoyens de faire. Quoique d'un style simple, cet aperçu produit de l'effet par son ensemble et par l'exacte vérité des détails.

« Les citations suivantes en donnent une idée. » (Nous faisons grâce au lecteur de ces citations.)

L'Oriflamme, à la même époque, a parlé de nous dans les termes suivans :

« Parmi toutes les brochures qu'a fait éclore l'avènement au trône de notre bien aimé Charles X., celle intitulée *le Roi et la France*, etc., se fait particulièrement remarquer par des vues sages et utiles, présentées avec tout le sentiment des convenances. L'auteur, écrivain exercé, ne veut devoir qu'au roi et à son auguste fils de la reconnaissance pour la restitution de la liberté de la presse ; il ne ressemble pas à ces politiques qui osent donner des conseils à notre monarque, et douter ainsi de sa sagesse : c'est toujours aux ministres qu'il s'adresse. En lisant le tableau rapide qu'il trace des travaux du grand Colbert, on ne peut s'empêcher de faire un triste parallèle avec notre ministre de l'intérieur. Qu'opposera M. de Corbière à ce tableau ? (Nous supprimons également ici les citations.)

« Toute la brochure est écrite de ce style concis ; elle renferme plus d'aperçus utiles que beaucoup de gros ouvrages. L'auteur prend le titre d'*enfant de la révolution ;* la légitimité a fait en lui une belle conquête. »

Nous terminerons en priant le lecteur de croire qu'il n'est pas entré un seul grain de vanité de notre part dans les citations que nous venons de faire, et que nous n'avons eu d'autre but que de nous présenter devant lui avec quelques titres à une confiance que nous fondons uniquement sur la pureté de nos intentions.

Maintenant, qu'il lise et qu'il juge.

AU ROI

ET

A LA NATION.

———•———

Une grande nation, dont l'honneur a toujours été le plus puissant mobile, s'est trouvée tout à coup blessée de la manière la plus sensible, dans ce sentiment inné en elle, et qui, on peut le dire, fait intégralement partie de son caractère et de son existence. La blessure a été d'autant plus vivement ressentie, qu'elle rappelait une circonstance qu'on aurait voulu oublier à jamais ; qu'elle remettait sous les yeux de tous, l'évènement le plus douloureux d'un des plus terribles revers qui aient succédé à ces triomphes éclatans auxquels cette nation, auxquels la France avait été si long-temps accoutumée.

Tout ce qui, de près ou de loin, ressemble à la trahison, soulève et doit soulever partout tous les cœurs généreux ; mais en France, c'est une tache indélébile ; c'est peut-être la seule, chez un peuple naturellement bon, confiant et facile à ramener, qu'il y ait impossibilité d'effacer à ses yeux.

L'avènement du prince de Polignac au ministère eût sans doute éveillé des craintes chez les amis des libertés publiques, c'est à dire dans l'immense majorité des Français; le choix de M. de la Bourdonnaye eût pu faire redouter quelques violences dans la marche des affaires du gouvernement; mais, d'après la profession de foi faite par le premier ministre à la Chambre des pairs, on pouvait espérer qu'il avait abandonné d'anciens principes devenus contraires aux intérêts du pays; et quant à l'auteur des fameuses catégories, il n'avait pas toujours été depuis sans libéralité dans ses opinions; d'ailleurs, il ne parut qu'un moment sur la scène, et fut presqu'immédiatement remplacé par un homme plus modéré, et que, comme les autres membres du ministère, peut-être M. Guernon de Ranville excepté, l'on pouvait supposer peu enclin aux partis extrêmes.

Sans la nomination de M. de Bourmont au ministère de la guerre, les doutes auraient donc été bientôt éclaircis, les inquiétudes se seraient promptement dissipées, et le ministère Polignac aurait suivi le sort de tous les autres.

Ou il aurait adopté cette marche oblique à laquelle il serait temps de renoncer, et il n'aurait été que transitoire; ou bien il aurait marché franchement dans la ligne tracée par la Charte, et il aurait ramené à lui l'opinion; ou enfin il aurait sur le champ levé le masque, et, par la seule force des choses et de cette opinion, il serait aussitôt tombé devant les Chambres.

La faiblesse, les préjugés et l'hypocrisie s'anéantissent, lorsque l'évidence et la vérité apparaissent.

Est-il des préventions plus fortes que celles qui ont entouré M. Mangin, lorsqu'il a remplacé M. de Belleyme à la préfecture de police? Et quoique ces préventions ne soient pas toutes dissipées, quoiqu'elles aient été dernièrement ranimées par l'odieux traitement fait à un homme de lettres coupable d'un délit politique, on n'en a pas moins reconnu l'habileté avec laquelle ce magistrat a mené le département confié à ses soins, lorsque, dans un hiver aussi rigoureux que le dernier, l'ordre a été tellement établi, la police a été si bien faite, que Paris n'a jamais moins entendu parler de délits de toute espèce, qu'à l'époque où l'on devait le plus les craindre. On sait, il est vrai, que la bonté inépuisable du monarque et de la famille royale, et l'humanité des habitans de toutes les classes, se sont disputées de zèle pour venir au secours des malheureux ; mais on rend en même temps au préfet de police toute la justice qui lui est due sur la part que sa vigilance peut réclamer dans la tranquillité dont a joui la capitale (1).

Nous le répéterons donc avec assurance, la nomination de M. de Bourmont a surtout occasionné ce mouvement général des esprits, cette irritation violente qui se sont déchaînés contre le ministère.

On ne conteste pas que M. de Bourmont ne soit homme d'esprit et n'ait des moyens; on n'ignore pas qu'il s'est conduit en royaliste éprouvé, et comment il a fait ses preuves quand il commandait une des armées royales dans la seconde Vendée, à l'époque où le malheur des temps voulut que ces armées fussent comptées au nombre des ennemis de la France ; on sait

____

(1) Que le nouveau ministre de l'intérieur, M. de Peyronnet, suive la ligne de conduite qu'il a tracée à MM. les préfets dans sa circulaire du 20 mai, et il verra, avec le temps, s'effacer aussi les justes préventions qui l'ont suivi à sa rentrée au ministère.

aussi tout ce que M. de Bourmont eut à souffrir de Bonaparte après la capitulation qu'il avait faite, après la capitulation qu'il s'était engagé à faire; on conçoit facilement que dans les prisons du Temple, que dans les autres détentions plus dures encore qu'il lui a fallu subir dans d'horribles prisons d'Etat, il ait nourri une profonde haine contre Napoléon; mais enfin, cela n'a pu faire oublier sa conduite dans les cent jours, et sa désertion à Waterloo.

Cependant, Montesquieu a dit :

« Le principe de la monarchie se corrompt, surtout quand l'honneur a été mis en contradiction avec les honneurs. »

Et ce sentiment est certainement gravé plus que chez tout autre, dans le cœur d'un prince français : nous devons donc croire que le roi, appréciant les temps, les circonstances, et un caractère qu'il a été mieux que nous à même de connaître à fond, n'aura vu dans le fait reproché à M. de Bourmont, qu'un de ces dévoue-mens extraordinaires qui peuvent nous porter à sacrifier plus que notre existence, à une cause que nous regar-dons comme sacrée, à une cause qui, si l'on peut s'ex-primer ainsi, a été l'objet du culte de toute notre vie.

Que le roi ait été frappé de ce dévouement, qu'il l'ait été des périls que lui paraissait courir la monarchie, et voilà qui explique la nomination de M. de Bourmont.

Mais comment le roi a-t-il pu imaginer que la mo-narchie était en péril? c'est ce qu'il est plus facile d'ex-pliquer que la nomination de M. de Bourmont.

Le roi, dans sa sagesse, avait cédé aux vœux de l'o-pinion publique, si vivement manifestée, et qui demandait à grands cris le renvoi du ministère qui, au milieu d'une administration très-remarquable, s'était laissé entraîner à de très-grandes fautes, du ministère qualifié de *déplorable,* du ministère de M. de Villèle. Il crut devoir le remplacer de manière à éviter une réaction trop forte et toujours dangereuse, de manière à ce que tous les intérêts fussent représentés; il voulut enfin créer un ministère modérateur entre les exigences des absolutistes et celles de la démocratie exagérée, et il crut avoir atteint ce but dans la composition du ministère Martignac. Tout sembla d'abord devoir confirmer Charles X dans cette idée, et il put s'applaudir des choix qu'il avait faits, quand il vit que le pays y applaudissait avec lui. Le monarque cependant ne jouit pas long-temps de ce bonheur; ce fut l'affaire d'une session. Bientôt il put être effrayé par lui-même, ou par ceux qui l'entouraient, en voyant que ce ministère, qui lui avait fait sanctionner la loi qui assurait à tout jamais cette liberté de la presse, à la fois sauve-garde du pays et terrible épouvantail de tous les ministères, et donner dans une autre loi également tutélaire, les garanties les plus fortes contre ces fraudes qui avaient naguère entaché les élections de la représentation nationale; que ce ministère, disons-nous, répondît si peu encore aux prétentions élevées dans la Chambre élective. Ses craintes redoublèrent quand on lui fit remarquer que dans cette Chambre et dans les feuilles publiques, ce ministère était incessamment en butte aux attaques les moins mesurées, qu'il n'avait plus qu'une majorité très-faible; quand il vit que cette majorité l'avait même tout à fait abandonné, lors de la présentation de la loi départementale et communale; que cette loi, si importante pour le pays, si impatiemment attendue par tous, avait été dédaigneusement rejetée d'une part, et retirée de l'autre, à la suite de délibérations où l'esprit d'aigreur et d'opiniâtreté semblait avoir remplacé l'esprit de discussion, et dans lesquelles on eût dit qu'il y avait d'avance un parti pris de ne pas s'entendre.

Cette loi remplissait-elle complètement l'attente générale? renfermait-elle tout ce que la nation espérait y trouver? Nous répondrons franchement, non! Mais nous croyons néanmoins pouvoir affirmer, sans crainte d'être démenti, qu'elle apportait de grandes améliorations dans le système départemental et communal, et que si elle eût été adoptée avec quelques amendemens sur lesquels, s'il y eût eu de la bonne volonté réciproque, il aurait été facile de s'entendre, nous n'aurions point vu la crise dans laquelle nous nous trouvons aujourd'hui.

Le roi put donc croire que la royauté était débordée par la démocratie, il put redouter que les concessions qu'on lui avait fait faire n'eussent amené les exigences nouvelles qui lui semblaient exagérées : il vit hésiter, il vit crier à l'anarchie le ministère Martignac, qui, ayant des intentions pures, avait montré d'abord une profonde douleur, puis un emportement peu réfléchi, lorsque, bouleversant tout son système pour le remplacer par un autre, on repoussa avec tant de violence un projet qui avait été l'objet de toutes ses méditations, à l'enfantement et à l'adoption duquel il attachait toute sa gloire, et dans lequel il croyait fermement avoir concilié tous ses devoirs envers le monarque, en remplissant l'un des besoins les plus urgens, l'un des vœux les plus chers de la nation.

Dans cette situation, le roi céda, soit à ses craintes personnelles, soit à celles qui lui furent suggérées; et partant d'ailleurs du principe que, dans un gouvernement constitutionnel, un ministère qui n'a pas une majorité suffisante ne peut subsister, il chercha à en composer un autre, et à le composer de telle sorte, qu'il fût une forte digue opposée aux envahissemens de la démocratie.

De là le ministère de M. de Polignac avec M. de la Bourdonnaye.

Bientôt scission entre ces deux membres principaux du conseil, tous deux animés sans doute d'un zèle ardent pour la cause de la royauté, mais qui voulaient, du moins on voudrait l'espérer, arriver l'un par les lois, l'autre hors des lois, au but qu'on se proposait; alors, craignant qu'il ne sortît que des élémens de destruction d'une tête volcanisée, on débarrassa le ministère de M. le comte de la Bourdonnaye, qui ne fit qu'y prendre passage pour entrer dans la Chambre des pairs, dont la reconnaissance royale a fait la douce compensation de toutes les disgrâces ministérielles.

Alors, avènement de M. de Montbel au ministère, et de M. de Polignac à la suprême présidence du conseil.

Quoiqu'il s'en fallût de tout que M. de Villèle, dont on ne peut cependant nier le talent comme homme d'Etat, eût été vu de bon œil à la tête des affaires, il y a toujours de l'élévation à défendre celui qui vient de tomber du premier rang; on estimait donc, dans M. de Montbel, le caractère de celui qui avait si chaudement défendu M. de Villèle après sa chute, mais on n'aimait pas les principes qui semblaient devoir entrer avec lui au ministère. Cette nomination ne tendait donc pas à réhabiliter beaucoup le ministère dans l'opinion.

On se répétait avec inquiétude ce qu'on avait déjà dit généralement de M. le prince de Polignac, lors de son entrée au ministère : « Cet homme que l'affection du roi vient de mettre à la tête d'un gouvernement constitutionnel si jeune encore, et qui a tant besoin d'être affermi dans ses bases, cet homme n'a-t-il pas professé hautement jadis les maximes de l'absolutisme le plus prononcé ? Peut-il alors avoir la confiance d'une nation qui veut et qui doit être gouvernée par une Constitution libre, par la Charte ?

Quelques esprits chagrins et exaspérés à l'idée de voir un prince absolutiste et un général vendéen au timon des affaires, se demandaient où le nouveau président du conseil avait fait ses preuves dans le gouvernement des Etats ; ils se disaient en murmurant :

« Ne serait-ce pas plutôt l'orgueil du prince que le sentiment de ses forces, qui aurait décidé M. de Polignac à se charger d'un pareil fardeau ?

« Nous ne sommes plus au temps où, se jouant impunément du sort des nations, les rois pouvaient régner suivant leur bon plaisir et les caprices de leurs favoris. Malédiction à ceux qui leur donneraient aujourd'hui de semblables conseils !

« Malheur aux monarques qui les suivraient !

« Malheur aux nations chez lesquelles ils seraient suivis ! »

Si les sombres regards jetés par les derniers sur des

temps qui sont si loin de nous, étaient entièrement inapplicables en notre siècle et sous un roi tel que le nôtre, on ne peut nier que les inquiétudes de la généralité ne fussent justement motivées.

Mais cependant, et on ne saurait trop le redire, il fallait attendre les actes du ministère pour juger définitivement M. de Polignac; car enfin, ne pouvait-il pas vous répondre :

« Oui, j'étais il y a vingt ans parmi les plus chauds partisans du régime absolu; mais aujourd'hui, honoré de la confiance d'un monarque constitutionnel, j'ai juré de défendre la Constitution qui nous régit, de gouverner suivant les principes qu'elle a consacrés, principes que j'ai gravés en mon esprit dans la terre classique des gouvernemens représentatifs, et je serai fidèle à mon serment. J'ai toujours les mêmes sentimens pour mon prince, et ce n'est pas moi, ce sont les circonstances qui ont changé. »

Ne pouvait-il pas vous rappeler ce que Peel a dit récemment au parlement de la Grande-Bretagne, lorsqu'il s'y est présenté comme défenseur de l'émancipation des catholiques, dont jadis il avait été l'ennemi :

« Chez un homme public, est-ce changer d'opinion que d'abandonner des principes qu'il ne juge plus dans l'intérêt du pays? »

Et sans faire d'application à personne, n'en est-il pas beaucoup parmi nous, et même parmi les honorables signataires de l'adresse au roi, qui seraient charmés de faire un axiome en leur faveur des paroles de M. Peel?

Quoi qu'il en soit, il nous paraît certain que la prudence ordonnait d'attendre et de voir venir.

La Chambre des pairs en a jugé ainsi, puisqu'en réponse à la partie du discours prononcé par le roi dans la séance royale de l'ouverture des Chambres, dans laquelle ce monarque avait manifesté ses inquiétudes et déploré les insinuations que la malveillance élevait contre son gouvernement, les nobles pairs, par une heureuse alliance de la modération avec la fermeté, du respect dû au prince avec la dignité des Chambres et de la nation, s'étaient exprimés de la sorte :

« Le premier besoin du cœur de Votre Majesté est de voir la France heureuse et respectée, jouir en paix de ses institutions. Elle en jouira, sire.

« Que pourraient, en effet, des insinuations malveillantes contre la déclaration si expresse de votre volonté de maintenir et de consolider ces institutions? La monarchie en est le fondement. Les droits de votre couronne y resteront inébranlables : ils ne sont pas moins chers à votre peuple que ses libertés; placées sous votre sauve-garde, elles fortifient les liens qui attachent les Français à votre trône et à votre dynastie, et les leur rendent nécessaires. La France ne veut pas plus de l'anarchie que son roi ne veut du despotisme.

« Si des manœuvres coupables suscitaient à votre gouvernement des obstacles, ils seraient bientôt surmontés; non pas seulement par les pairs, défenseurs héréditaires du trône et de la Charte, mais aussi *par le concours simultané des deux Chambres, et par celui de l'immense majorité des Français;* car il est dans le vœu et l'intérêt de tous, que les droits sacrés de la couronne demeurent inviolables et soient transmis, inséparablement des libertés nationales, aux successeurs de Votre Majesté et à nos derniers neveux, héritiers de notre confiance et de notre amour. »

On voit ici que la Chambre héréditaire, *loin de refuser son concours au gouvernement du roi, croit pouvoir lui engager aussi le concours du parlement électif.*

La Chambre des députés en a jugé différemment, ainsi que nous allons le voir par les paragraphes suivans, qui terminent son adresse :

« Accourus à votre voix de tous les points de votre royaume, nous vous apportons de toutes parts, Sire, l'hommage d'un peuple fidèle, encore ému de vous avoir vu le plus bienfaisant de tous, au milieu de la bienfaisance universelle, et qui révère en vous le modèle accompli des plus touchantes vertus. Sire, ce peuple chérit et respecte votre autorité; quinze ans de paix et de liberté qu'il doit à votre auguste frère et à vous, ont profondément enraciné dans son cœur la reconnaissance qui l'attache à votre royale famille. Sa raison, mûrie par l'expérience et par la liberté des discussions, lui dit que c'est surtout en matière d'autorité que l'antiquité de la possession est le plus saint de tous les titres, et que c'est pour son bonheur autant que pour votre gloire que les siècles ont placé votre trône dans une région inaccessible aux orages. Sa conviction s'accorde donc avec son devoir pour lui présenter les droits sacrés de votre couronne comme la plus sûre garantie de ses libertés, et l'intégrité de vos prérogatives comme nécessaire à la conservation de ses droits.

« Cependant, Sire, au milieu des sentimens unanimes de respect et d'affection dont votre peuple vous entoure, il se manifeste, dans les esprits, une vive inquiétude qui trouble la sécurité dont la France avait commencé à jouir, altère les sources de sa prospérité, et pourrait, si elle se prolongeait, devenir funeste à son repos. Notre conscience, notre honneur, la fidélité que nous avons jurée, et que nous vous garderons toujours, nous imposent le devoir de vous en dévoiler la cause.

« Sire, la Charte, que nous devons à la sagesse de votre auguste prédécesseur, et dont Votre Majesté a la ferme volonté de consolider le bienfait, consacre, comme un droit, l'intervention du pays dans la délibération des intérêts publics. Cette intervention devait être, elle est en effet indirecte, sagement mesurée, circonscrite dans des limites exactement tracées, et que nous ne souffrirons pas que l'on ose tenter de franchir; mais elle est positive dans son résultat, car elle fait *du concours* permanent des vues politiques de votre gouvernement, avec les vœux de votre peuple, la condition indispensable de la marche régulière des affaires publiques. Sire, notre loyauté, notre dévouement nous condamnent à vous dire que *ce concours n'existe pas.*

« Une défiance injuste des sentimens et de la raison de la France est aujourd'hui la pensée fondamentale de l'administration : votre peuple s'en afflige, parce qu'elle est injurieuse pour lui; il s'en inquiète, parce qu'elle est menaçante pour ses libertés.

« Cette défiance ne saurait approcher de votre noble cœur. Non, Sire, *la France ne veut pas plus de l'a-narchie* que vous *ne voulez du despotisme;* elle est digne que vous ayez foi dans sa loyauté, comme elle a foi dans vos promesses.

« Entre ceux qui méconnaissent une nation si calme, si fidèle, et nous qui, avec une conviction profonde, venons déposer dans votre sein les douleurs de tout un peuple jaloux de l'estime et de la confiance de son roi, que la haute sagesse de Votre Majesté prononce. Ses royales prérogatives ont placé dans ses mains les moyens d'assurer, entre les pouvoirs de l'Etat, cette harmonie constitutionnelle, première et nécessaire condition de la force du trône et de la grandeur de la France. »

Supprimez le troisième et le dernier paragraphe dans les citations que nous venons de faire; prenez seulement dans celui-ci, pour terminer l'adresse, cette pensée juste et expressive :

« C'est avec une conviction profonde, Sire, qu'accusant devant vous ceux qui méconnaissent une nation si calme et si fidèle, nous venons déposer dans votre sein les douleurs de tout un peuple jaloux de l'estime et de la confiance de son roi. »

Vous avez alors une adresse à la fois noble, ferme et respectueuse; elle est l'expression vraie des inquiétudes et des sentimens pénibles qu'éprouve le pays. Vous avez été plus loin que les pairs; mais il n'y a entre votre adresse et la leur que l'énergie plus prononcée qui doit distinguer l'adresse des communes de celle de la Chambre héréditaire; vous avez tout dit, et cependant vous n'avez fait qu'user de vos prérogatives; vous n'avez point attenté à celles du souverain; vous vous êtes renfermés dans les justes limites fixées par le pacte fondamental.

Tout suivait alors forcément sa marche accoutumée, rien n'était dérangé dans l'ordre naturel des choses; les discussions parlementaires faisaient le reste, et il n'y avait point de crise.

Mais en s'écartant de cette modération, qui est le véritable courage, en se laissant entraîner par une impulsion à laquelle elle n'a pas eu la force de résister, la Chambre des députés nous paraît avoir commis une erreur des plus déplorables : elle s'est écartée de toutes les formes consacrées par les usages parlementaires; elle a méconnu l'esprit de la Charte, et outrepassé, de la manière la plus dangereuse, les droits que cette Charte lui a donnés, lorsque, sortant des limites légales de son intervention dans les affaires du pays, elle a refusé au gouvernement du roi le concours qui est l'objet de son institution, et, par-là, porté atteinte au libre arbitre qu'a le roi dans le choix de ses ministres, porté atteinte à la prérogative royale.

En effet, malgré toutes les précautions oratoires du premier paragraphe que nous avons cité, et dans lequel on a voulu effacer entièrement le roi, *en plaçant son trône dans une région inaccessible aux orages,* en le détachant de son gouvernement ou des ministres de son choix, ne demeure-t-il pas évident que la pensée prédominante, la pensée fondamentale de l'adresse est celle-ci :

« Qu'il n'y a pas concours entre le gouvernement du roi et le pays, ou les députés nommés par le pays; que la Chambre refuse son concours à ce gouvernement, et qu'il faut que le roi opte entre son gouvernement et le pays ou les députés du pays; c'est-à-dire qu'il renvoie son ministère ou la Chambre. »

Or, nous vous le demandons : comment la majorité de la commission de l'adresse, comment la majorité de la

Chambre ne se sont-elles pas arrêtées avant de rédiger, avant d'adopter des injonctions si peu respectueuses pour le monarque, si peu parlementaires? Comment, lorsqu'on avait pour but de rappeler aux principes de l'ordre légal, de défendre la Charte et les institutions qu'elle nous a données, comment n'a-t-on pas vu qu'on donnait au contraire l'exemple de l'infraction à la loi fondamentale, en attaquant la prérogative royale, qui est la première base de notre édifice social? Comment cette observation a-t-elle pu échapper à une majorité parmi laquelle on peut compter tant d'hommes distingués par leurs lumières, tant d'hommes véritablement dévoués au prince et au pays? Comment l'expliquer, si ce n'est par cet esprit de parti, par cet esprit de corps qui ont entraîné jadis plus d'une fois nos parlemens dans d'aussi déplorables erreurs?

Et comme ce même esprit de parti, ce même esprit de corps persistent à soutenir par le raisonnement une fausse démarche dont la dissolution de la Chambre a paralysé le danger, mais dont le renouvellement pourrait avoir les plus funestes résultats, employons également les armes du raisonnement, pour montrer que ce n'est pas avec légèreté que nous nous sommes décidés à attaquer l'opinion d'une majorité qui pourrait entraîner avec elle la majorité de la France.

Nous aurions accompli bien glorieusement pour nous la tâche difficile que nous nous sommes imposée, si, en faisant passer dans l'âme de nos concitoyens cette conviction qui est toute entière dans la nôtre, nous pouvions contribuer à garantir la Chambre nouvelle des prestiges d'une telle erreur.

Cette conviction est que nous nous sommes écartés du système légal; qu'il est urgent pour le repos et le bonheur, disons plus, pour le salut de la France, que nous ne nous en écartions pas davantage; qu'il est temps d'y rentrer encore, puisque la sagesse du roi, par son ordonnance de dissolution, a rétabli les choses dans l'état où elles étaient avant l'adresse; que plus fermement nous nous tiendrons dans cet ordre légal, plutôt nous arriverons au complément si désiré de nos institutions.

Maintenant, posant en fait la réalité de toutes les inquiétudes excitées par l'avènement du ministère Polignac, nous raisonnerons ainsi :

Le ministère Polignac, en lui supposant toutes les intentions qu'on lui a prêtées, ne peut détruire la Charte, ou en retrancher les principes qui lui donnent la vie, sans avoir le concours de la Chambre des députés, tant que cette Chambre se tiendra dans l'ordre légal; car ce n'est que par des lois nouvelles qu'il pourrait arriver à renverser celles qui nous régissent aujourd'hui. Mais, pour faire passer ces lois nouvelles, il faudrait qu'il eût la majorité; et pour qu'il eût cette majorité, il faudrait que, comme en 1824, la Chambre des députés eût été faussée dans ses élémens, puisque ces lois nouvelles seraient nécessairement en contradiction avec les institutions que le mandat des députés les oblige à défendre. Et, dans ce cas encore, la Chambre des pairs ne serait-elle pas là pour sauver la France comme elle l'a fait alors, comme elle l'a fait plus d'une fois? Et si le ministère, ce qui est le plus probable, dans la supposition que nous avons faite, et dans l'état des choses, n'avait pas la majorité dans la Chambre des députés, les lois destructrices de nos libertés tombé- raient au fur et à mesure qu'il les présenterait devant l'omnipotence des Chambres; et alors le roi, éclairé par les discussions et par les votes parlementaires, ren- verrait ses ministres, sans que sa prérogative royale en fût aucunement blessée, puisqu'il sait comme nous que, dans un gouvernement représentatif, un ministère ne peut subsister sans avoir la majorité dans les Chambres.

Dira-t-on que le ministère, voyant qu'il ne peut faire adopter par les Chambres ses idées contre-révolution- naires, ses plans de réforme du pacte social, tentera d'en forcer l'exécution par ordonnances et par des coups d'Etat?

D'abord, nous soutiendrons que les coups d'Etat sont impossibles tant que la Chambre des députés, se tenant dans la stricte légalité, aura pour elle la nation et toutes les forces de la Charte. On peut les tenter, soit, mais les faire aboutir, jamais! Et croyez-vous que le roi, à moins qu'on ne l'y contraignît pour sa propre sûreté, consentirait à rendre ces ordonnances qui compromet- traient à la fois le repos de la couronne et celui de la France?

Justement blessé de l'adresse de la Chambre, il a pu, il a du la proroger et la dissoudre, parce qu'en dé- fendant sa prérogative, il a défendu la Charte; parce que l'expérience est là pour lui apprendre qu'un roi qui laisse enfreindre la loi fondamentale, qui laisse empiéter sur sa prérogative, est à demi détrôné. Et en admettant même que sa religion eût été trompée dans le choix de ses ministres, fallait-il encore que cela lui.

fût démontré par leurs actes, par le blâme que les Chambres auraient fait de ces actes, par le rejet de lois présentées. Et si ces actes, si leur répulsion par les Chambres lui eussent prouvé que les institutions garanties par sa parole royale étaient en péril avec le ministère, il aurait renvoyé ce ministère, il en aurait nommé un autre, il n'y aurait pas eu de coup d'Etat.

Objecterait-on que le ministère étant sous l'influence d'un ordre religieux toujours repoussé par nos lois, et toujours existant en dépit d'elles, il suivra les maximes relâchées qu'on attribue à cet ordre redouté, et que, feignant un attachement hypocrite pour la Charte, afin d'arracher le vote du budget, dès que ce budget aura été voté, il levera le masque trompeur sous lequel il l'aurait obtenu, et se servira des moyens mis à sa disposition par les Chambres, pour opprimer à la fois le prince et le pays, et renverser les institutions que la France a si chèrement achetées?

Mais le ministère Polignac avait encore plus de marge devant lui pour faire des coups d'Etat lors de son avènement au 8 août dernier, puisque le budget était voté jusqu'au 31 décembre prochain, ce qui lui donnait dix-sept mois d'impôts à recouvrer légalement; et cependant il n'a point fait de coups d'Etat : et l'on ne contestera pas qu'il ne lui fût alors plus facile d'en faire; qu'il n'y eût plus de chances pour lui, le 8 août dernier, à faire rendre une ordonnance de censure, et à changer également par ordonnance la loi électorale, qu'il n'y en avait à l'époque où le budget aurait pu passer à la dernière Chambre, qu'il n'y en aura à celle où il pourra être présenté à la nouvelle. Les raisons en sont palpables; et pour en donner une seule qui semble suffisante, le torrent de l'opinion ou des opinions contraires, a jeté sur lui une telle défaveur (défaveur qui vient de dépasser toutes les bornes par la nomination de M. de Peyronnet au ministère de l'intérieur, et l'adjonction de M. Dudon au conseil), que la ressource des coups d'Etat lui serait absolument interdite, à moins que la Chambre nouvelle ne le sortît de la position embarrassante dans laquelle il se trouve, en donnant elle-même, comme l'avait fait la dernière Chambre, le triste exemple d'un coup d'Etat, exemple dont, fort heureusement pour la France, le ministère Polignac n'a pas profité, ce qui est une présomption très-favorable de sa disposition à ne pas s'écarter de l'ordre légal dans lequel l'ordonnance de dissolution nous a au contraire fait rentrer, présomption qui semblerait devoir être encore renforcée par la circulaire adressée récemment par M. de Peyronnet aux préfets des départemens.

Nous disons que la dernière Chambre a fait involontairement un coup d'Etat quand elle a déclaré au roi, avant d'avoir jugé par ses actes le ministère qu'il venait de nommer, qu'elle ne pouvait concourir avec ce ministère; quand elle a conséquemment refusé son concours au gouvernement du roi; quand elle a fait l'injonction à son souverain de choisir entre elle et son ministère. Nous ajoutons maintenant que si la Chambre nouvelle persistait à suivre la même marche et refusait de la même manière son concours au gouvernement du roi, elle ferait volontairement un coup d'Etat, puisqu'elle nécessiterait, en toute connaissance de cause, des mesures d'exception bien autrement graves que la dissolution.

Et la déclaration qu'elle ferait de son refus de concourir serait un coup d'Etat, par la raison toute simple que nous entendons, et qu'on ne peut entendre en France par coup d'Etat, que les déterminations et les mesures politiques qui sortent de l'ordre légal ou de la Charte; et qu'il est de fait que vouloir contraindre le roi à changer son ministère avant d'avoir jugé ce ministère sur ses actes, avant même de l'avoir entendu, ce serait, nous le répétons, lui dicter son choix; ce serait attenter à la prérogative royale; ce serait enfreindre la Charte, qui a consacré cette prérogative; ce serait saper la monarchie constitutionnelle dans sa base fondamentale, puisque l'une des branches du pouvoir législatif se serait emparée du pouvoir exécutif, ou du droit de le faire exercer par qui bon lui semblerait; ce serait annihiler à la fois le roi et la Chambre des pairs; ce serait opérer la péripétie la plus étonnante dans la position du ministère, puisqu'on ajouterait par-là toutes les forces de la Charte à toutes les ressources du pouvoir qu'il a entre les mains.

En effet, si la Chambre nouvelle refusait, comme l'autre, de concourir; chose bizarre! nous serions en révolution, dans ce sens que nous sortirions de l'ordre légal, ou serions du moins entraînés dans les cas d'exception prévus par la Charte pour la sûreté de l'Etat; mais c'est la Chambre des députés qui serait contre-révolutionnaire, dans le sens qu'on attache à ce mot, puisqu'elle aurait violé la Charte dans un de ses élémens les plus essentiels, dans la prérogative royale; et ce ministère qu'on qualifie de *contre-révolutionnaire*, se trouverait, tout en faisant usage du fameux article 14, dont l'application serait alors forcée, se trouverait, disons-nous, le défenseur de la Charte, et par conséquent des principes de la révolution que la Charte a consacrés. Or, une fois sortis de la Charte, le gouvernement s'en empare, et s'en fait une arme terrible contre vous.

Eh quoi! nous dira-t-on, on ne pourrait donc faire sous un gouvernement libre, sous un gouvernement représentatif, ce qu'on se permettait bien sous ce régime absolu qu'on appelait la *monarchie tempérée* de nos anciens rois? Oubliez-vous la protestation faite, le 12 août 1771, par les propres princes du sang contre le chancelier Maupeou, qui avait voulu franchir aussi par des coups d'Etat les obstacles qui lui étaient opposés?

Non sans doute, nous n'avons pas oublié cette protestation fameuse; mais nous voyons qu'elle fut faite non pas contre le choix que le roi avait fait du trop célèbre chancelier, mais bien contre ses actes et contre les édits qu'il présentait au roi comme des lois qu'il était dans son pouvoir de porter, édits qui étaient destructifs de toutes les lois, et sanctionnaient le régime de l'arbitraire.

Raisonnement en pure perte, discours superflus, répondront les gens déterminés à ne voir que par leurs illusions ou leurs passions, par l'idéologie ou les abstractions : quelle figure fera le ministère à ce dilemme final : Point de budget! Que fera-t-il sans budget?

Il n'a pas la majorité dans la Chambre; le défaut de majorité entraîne le refus du budget; le refus du budget lui ôtant tous moyens légaux de gouvernement, entraîne ce que nous voulons, entraîne le renvoi des ministres, entraîne un changement de ministère.

D'accord, si cette majorité est telle qu'on peut l'entendre dans un gouvernement représentatif, telle qu'on l'a toujours entendu chez nos voisins d'outre-mer, qui peuvent nous servir d'exemple à cet égard. D'accord, si c'est une majorité de raison et de conscience qui s'est formée par la discussion libre et réfléchie des actes du gouvernement et des lois présentées par lui. Alors cette majorité aurait usé légalement de son droit de rejet des lois et de blâme des actes jugés par elle contraires au bien de l'Etat, droit qui n'est pas, comme on le prétend, absolu dans le texte, mais bien dans l'esprit de la Charte, de même que celui du roi dans le choix de ses ministres, puisque, dans ce cas, le roi se trouverait certainement forcé de faire d'autres choix, sans pour cela que sa prérogative en fût aucunement blessée.

Que si, au contraire, la Chambre des députés repousse, sans l'avoir entendu, le ministère choisi par le roi, ou refuse sans examen les lois présentées par ce ministère, se fondant sur des motifs d'antipathie, sur ce que, d'après les préjugés élevés contre lui, il ne peut y avoir concours entre les membres qui composent ce ministère et la Chambre, alors l'opposition qui se montre ainsi n'est plus une majorité, puisque, on ne saurait trop le répéter, une majorité constitutionnelle se fonde sur le rejet et le blâme des actes et des lois, après un examen réfléchi de ces actes et de ces lois, et non sur un parti pris d'avance de rejeter tout ce qui viendra d'un ministère que, par les antécédens de ceux qui le composent, l'on juge incapable ou dangereux pour le pays : alors l'opposition, quoique composée de la majorité des membres de la Chambre, n'est réellement qu'une faction, puisqu'elle est hors des attributions que lui a données le pacte fondamental auquel elle a juré d'obéir, et qu'elle est sortie de la légalité en faisant un usage absolu d'un droit qui n'est que relatif, et, comme toute chose en ce monde, subordonné à la raison : alors la Chambre des députés étant sortie de la légalité, a fait un coup d'Etat ; et par cela même elle a donné raison aux conseillers de la couronne, qui se seraient infailliblement trouvés écartés, si c'étaient eux et non pas elle qui eussent dérogé à la Charte. Que d'amers reproches elle aurait alors à se faire! car, en supposant que le ministère eût toutes les mauvaises intentions qu'on lui prête, elle aurait mis le droit et la force de son côté ; elle aurait livré sans défense la nation aux coups qu'on voulait porter à ses libertés.

Non, députés de la France, vous ne justifierez pas les coups d'Etat en commençant par en donner l'exemple, en commençant par en faire un vous-mêmes. Vous le savez comme nous, « la première condition de la tran- « quillité et de la force d'un Etat, est le respect reli- « gieux de cet Etat pour le pacte par lequel il est régi ; « et parmi les divers pouvoirs législatifs ou dirigeans, « celui-là qui y porte la première atteinte est coupable « de tous les maux qui peuvent en résulter pour le « pays. »

Vous ne vous écarterez donc point de cet ordre légal, qui est notre sauve-garde à tous.

Et faudrait-il pour cela que la majorité cédât à la minorité ? Non, sans doute ; car le gouvernement représentatif serait faussé dans ses premiers élémens. Non , ce principe de la majorité est virtuel ; il est la raison et la vérité même ; il surnagera toujours.

Car, nous le répétons, si un ministère vous présente de bonnes lois, dans votre conscience vous ne pouvez les refuser, et il a la majorité : si, au contraire, il vous en présente de mauvaises, votre devoir est de les rejeter ; la majorité est contre lui, et il faut bien, bon gré mal gré, qu'il se retire, ou que le roi le remplace par un autre, puisqu'autrement le gouvernement serait arrêté dans sa marche, que ses rouages seraient interrompus ou brisés : mais alors le roi n'est pas violenté ; le principe de la monarchie représentative ressort librement et sans effort de la franche exécution du pacte fondamental. Les intentions du ministère étant donc telles que vous le supposiez, il tombe de lui-même, et vous y êtes arrivés sans danger pour la chose publique. Maintenant, si les intentions du ministère étaient pures ; s'il avait abjuré pour le système de la monarchie constitutionnelle les principes de l'absolutisme, comme certains ont abjuré pour les principes royalistes les erreurs dans lesquelles ils avaient été entraînés par la révolution, comme d'autres ont remplacé par les principes de la liberté leur servilité sous l'empire, pourquoi vouloir le renverser, au risque de compromettre nos libertés dans une lutte imprudemment engagée par nous-mêmes, sans autres motifs qu'une défiance qui pouvait être fondée, mais qui pouvait aussi être sans fondement ? C'est ce qu'il nous semble que la dernière Chambre aurait dû se dire. Alors, elle eût gardé plus de mesure dans l'expression de cette défiance ; elle en eût attendu la justification dans les actes du ministère, au lieu d'affli-

ger aussi sensiblement un roi à l'affabilité et à la bonté
duquel chacun rend hommage, en le blessant dans ses
affections, en le blessant dans sa prérogative, avant que
rien pût l'avoir convaincu que, dans les choix qu'il
avait faits, sa religion avait été trompée.

Et l'opinion que nous émettons ici était au moins
dans la conscience d'une partie de la majorité des deux
cent vingt-un, si elle ne s'est pas retrouvée dans leur
vote; car le récit qu'on fait sous l'influence de la première impression, est toujours le plus vrai : or, le *Journal des débats*, dans son numéro du 17 mars, en ren-
dant compte de la séance dans laquelle la fameuse
adresse a été adoptée, dit textuellement, après avoir
annoncé le résultat du scrutin :

« M. le président, les quatre secrétaires et les vingt
« membres ci-dessus tirés au sort, forment la grande
« députation chargée de porter l'adresse à Sa Majesté,
« *si le roi consent qu'elle soit présentée dans cette*
« *forme.* »

Nous le demandons, était-il possible d'énoncer plus
clairement, dans un journal de l'opposition, son sentiment sur l'inconvenance de cette adresse? et n'est-il
pas permis de croire que si certains membres, moins
prévenus ou plus sages, s'étaient trop engagés cependant pour reculer, ils ne désapprouvaient pas moins
intérieurement les formes si peu parlementaires et l'in-
constitutionnalité de l'adresse?

Hors du lieu des séances, chacun des membres de
la Chambre, individuellement, peut sans doute, comme
tous les autres citoyens, avoir et exprimer son opinion,
soit en bien soit en mal, sur le ministère et sur chaque

ministre : mais lorsqu'ils sont réunis dans le lieu de leurs délibérations, ce sont les actes du ministère qu'ils ont à juger, et non les hommes qui le composent. Il en est des législateurs comme des juges : leur premier devoir, lorsqu'ils s'asseyent sur leurs bancs, est de respecter la loi que les uns créent, et dont les autres font l'application. Or, que nous dit la loi fondamentale ? que nous dit la Charte ?

Qu'au roi seul appartient le choix de ses ministres.

Que nous dit maintenant ce sentiment de vénération et de respect que doit nous inspirer le monarque qui s'est toujours montré le père de son peuple ?

C'est qu'il est convaincu que les ministres dont il a fait choix, et auxquels il a donné sa confiance, gouvernent l'Etat avec sagesse, et conformément aux lois qu'il a juré d'observer et de maintenir.

Et si de fâcheux antécédens nous portent à croire que les élus du prince ont usurpé sa confiance, s'ils n'ont point celle de la nation, que les Chambres se mettent en garde contre eux, qu'elles portent même leurs respectueuses doléances aux pieds du trône, mais qu'elles ne dictent pas des lois au monarque, et que la fermeté de leurs discussions et de leurs votes annonce seule au chef de l'Etat que ses conseils ont trompé sa religion, en lui suggérant de mauvais choix.

Nouveaux députés de la France, songez bien que notre sort est entre vos mains ! Ah ! si, persistant dans une fausse voie, dans une fausse interprétation de la Charte et de vos droits, vous continuiez à refuser votre concours au gouvernement du roi, tranchons le mot, votre concours au monarque, ce concours qui vous est ordonné par la Charte, qui est dans vos devoirs comme dans vos attributions, qui est indispensable à la marche régulière du gouvernement de l'Etat, de quoi vous plaindriez-vous si le roi, après en avoir ainsi infructueusement appelé aux électeurs privilégiés, usant alors légalement de la latitude que lui a donnée l'article 14 de la Charte, faisait un appel à son peuple tout entier, faisait appel à ces dix millions de contribuables qui, on ne saurait le contester, sont, dans les circonstances impérieuses où il s'agit du salut du pays, sont et doivent être en définitive les véritables électeurs de la nation ?

On ne paierait point l'impôt, nous dira-t-on ; nos Tribunaux et nos Cours royales sanctionneraient, par leurs arrêts, la résistance opposée par les contribuables à leur recouvrement : et les associations, les assurances mutuelles ne sont-elles pas là ?

Détrompez-vous : l'immense majorité des citoyens paieraient leurs impôts, parce qu'ils ne veulent pas de l'anarchie et de la désorganisation de la France ; les magistrats, qui n'en veulent pas davantage, n'encourageraient point les réfractaires par leurs arrêts, parce que la magistrature française reconnaîtrait l'impérieuse nécessité des moyens que le gouvernement aurait employés, et qu'elle sera toujours du parti de cette légalité dont vous seriez sortis, en refusant votre concours. Les associations..., elles auraient pu être bonnes contre l'arbitraire ; elles seront sans force du moment où vous serez entrés dans l'illégalité.

Cependant, nous ne le dissimulerons point, la France aurait long-temps à gémir sur les suites funestes de ce déplorable conflit. En croyant agir dans un sens national, vous auriez armé contre vous la nation, ou plutôt vous l'auriez armée contre elle - même ; car il est rare que les libertés publiques sortent intactes de ces luttes avec le pouvoir ; et si tout en ce monde a par-dessus tout le sentiment de sa propre conservation, le pouvoir l'a plus que tout autre. Alors, la bonté se change en rigueur ; la faiblesse elle-même acquiert de l'énergie, et se retrempe dans l'âme de ceux que l'ambition ou d'autres sentimens plus purs et non moins élevés portent à en avoir pour elle. Le sentiment de la crainte et de la conservation de soi-même a fait d'étranges péripéties en ce genre !

Bonaparte, oui, Bonaparte lui-même, n'a - t - il pas tremblé un moment ? Ne l'avons - nous pas vu fuir le 18 brumaire devant le poignard d'Arena ? Qui l'a donc fait revenir sur ses pas, qui l'a guidé de combat en combat, de victoire en victoire jusqu'à ce qu'il se fût assis sur le premier trône du monde ?

N'oublions pas qu'il a fallu des siècles, et la révolution de toutes la plus terrible, pour arriver au point où nous en sommes venus avec la restauration et la Charte qu'elle nous a donnée : au lieu de rétrograder par notre faute, en sortant de cette légalité qui peut seule maintenir et consolider les institutions dont nous voulons tous, marchons avec fermeté, mais avec sagesse dans cette voie des améliorations, qui, lorsqu'il s'agit des lois fondamentales, est toujours parsemée d'écueils, et de laquelle surtout l'on peut dire, lorsqu'on s'y précipite avec trop d'ardeur, que le mieux est l'ennemi du bien.

Jetons rapidement un coup-d'œil en arrière.

Vers la fin du dix-huitième siècle, les institutions en France n'étaient plus en rapport avec les mœurs et la civilisation ; un grand mouvement, irrésistible comme le temps qui l'avait amené, par des changemens successifs dans l'état social, devait entraîner ce choc terrible des intérêts nouveaux contre les intérêts anciens, qu'on a appelé la *révolution française ;* la licence s'en empara ; l'abîme s'ouvrit pour les hommes généreux qui l'avaient imprimé, et le règne sanglant de l'anarchie et de la terreur s'éleva au nom de la *liberté* et de l'*égalité*. Ce règne, tout effroyable qu'il fut, ce règne qui avait préludé par le plus grand des forfaits, ce règne qui avait en quelque sorte divinisé le crime, ce règne cependant ne doit être ni oublié, ni méconnu, ni flétri par nous, car ce règne a sauvé la France, qui, si son horrible énergie ne se fût pas déployée, n'eût jamais pu porter sur ses frontières envahies ces immortelles armées de la république, qui seules ont empêché notre belle patrie d'éprouver le sort que subit en 1772 et 1795, la malheureuse et classique Pologne ; sort le plus cruel de tous pour une nation, puisqu'il la fait descendre vivante dans le tombeau ; sort affreux, dans lequel le fanatisme de la gloire et l'absence de la liberté auraient pu nous faire retomber en 1814, si les Bourbons et la main du Seigneur n'en avaient préservé la France.

Ainsi que tout ce qui est violent et irrégulier, le règne de l'anarchie ne pouvait être de longue durée, mais il fallait un levier tout puissant pour faire sortir la France du chaos.

Un soldat est venu, qui, élevé sur le pavois de la victoire, s'est saisi de ces vastes débris pour en composer un trône aussi gigantesque que son génie : s'emparant à son profit de l'orgueil national, il souffla partout l'esprit des conquêtes; et la liberté, qu'on avait si chèrement achetée sans l'obtenir, se vit irrésistiblement éclipser par l'orbite éclatante de sa gloire. Le règne de la conquête, aussi dévorant que le règne de l'anarchie, ne pouvait non plus être durable. Il avait d'abord parfaitement régularisé la coupe des générations; mais lorsqu'il en vint à anticiper sur ces moissons de chair humaine, il a dû tomber avec les dernières. Et cependant, n'exagérons pas les fautes d'un grand homme, qui n'a eu réellement qu'un acte de cruauté à se reprocher : ne croyons pas que la guerre perpétuelle et le système continu d'envahissement fussent dans le libre arbitre de Napoléon, que ce soit seulement son état d'hostilités permanentes contre l'Europe qui ait renversé ce géant; non, cet état était, pour ainsi dire, inévitable dans la situation des choses et d'après l'esprit des gouvernemens; Bonaparte s'était assis sur le trône de la révolution, et en le combattant, c'était encore à la révolution que l'Europe faisait la guerre : et si Napoléon est tombé du faîte des grandeurs; si, malgré la force de son étoile et de son génie il a été écrasé par le destin comme la liberté l'avait été par l'anarchie et par lui-même, c'est qu'il a méconnu la France en asservissant ses enfans, c'est qu'il a méprisé les bienfaits de la liberté, c'est qu'il a trahi les principes de cette révolution qui l'avait placé sur le trône. Mais tout ne pouvait pas périr avec lui ; le mouvement des esprits n'avait été que comprimé; il marchait toujours à travers la révolution et l'empire; et aux conquêtes qui déciment les générations succedèrent avec les Bourbons, sous le règne heureux de la paix, de l'ordre et de la liberté légale, ces conquêtes plus solides de la civilisation, qui, après des revers si inouïs, ont élévé la France financière, agricole, commerciale et industrielle, à ce haut degré de prospérité qui n'est pas le moindre phénomène parmi tous ceux qu'elle a offerts au monde depuis quarante années.

Ce résultat, qui devait invinciblement arriver par la marche de la société, par les progrès de l'esprit humain, par la diffusion plus généralisée des lumières, ce résultat aurait pu être retardé, si Louis XVIII était rentré en France avec cet esprit de vengeance ou de rétroactivité qu'on pouvait redouter d'un roi qui avait pu se croire écarté à jamais du trône de ses aïeux, et qui y était remonté en apparence par la force des baïonnettes étrangères; mais ce prince était Français avant tout; il avait un esprit trop supérieur pour ne pas marcher avec sa nation et avec son siècle, et il avait la prescience de l'immortalité qui l'attendait lorsqu'il donna à la France cette Charte qui, en consacrant toutes les libertés qu'elle désirait, finira, malgré toutes les entraves qu'on a pu et qu'on pourra lui opposer encore, finira, disons-nous, par assurer à jamais avec ses libertés, son bonheur et sa véritable gloire.

Ce grand résultat nous était pour ainsi dire acquis; car à quelle époque la France avait-elle joui de plus de véritable liberté, avait-elle réuni plus d'élémens de tranquillité, de richesse, de force et de bonheur? Que fallait-il pour les y fixer à jamais? L'affermissement et le complément de ces institutions auxquelles nous en sommes redevables.

Comment y parvenir?

Par la fermeté jointe à la modération, par le respect pour ces institutions et pour le monarque auguste qu'elles ont établi le chef suprême de l'État.

Maintenant, nous le demanderons?

Quels élémens conjurés contre nous ont donc amoncelé ces nuages épais qui obscurcissent notre horizon, déchaîné ces autans furieux qui grondent sur nos têtes?

Serait-ce seulement l'élévation du ministère Polignac au gouvernement de l'État, ou n'en faudrait-il pas plutôt accuser cette exagération réciproque dans les craintes et dans les défiances entre les gouvernans et les gouvernés, reste impur du levain des discordes intestines qui, présentant à l'imagination effrayée des uns le fantôme de la république, aux regards inquiets des autres celui du régime absolu, empoisonne le présent d'un passé qui ne peut renaître?

Guérissons-nous de cette fièvre morale dont les sujets les plus dévoués au prince, les citoyens les plus attachés à la patrie, les esprits les plus fiers, les hommes les plus purs ont été tour à tour atteints. C'est de cette épidémie qu'il faut nous préserver; car elle est la plus grande ennemie de la France.

Conseillers de la couronne, vous tous qui occupez tous les abords du trône, n'est-ce pas cette épidémie qui a jeté sa maligne influence sur les paroles du plus bienveillant et du plus affable des rois?

Députés de la Chambre dernière, n'a-t-elle pas aussi glissé son venin sur cette adresse où des hommes, sans doute animés de cet amour du pays auquel ceux appelés par lui à le représenter doivent sacrifier toutes leurs préventions, toutes leurs antipathies, se sont si malheureusement écartés de la modération, du respect pour le prince, du respect pour nos institutions? Supposons que dans cette adresse, en faveur de laquelle toutes les trompettes de la renommée, qui nous paraissent à nous les trompettes de la discorde ou de l'erreur, sont incessamment embouchées; supposons, disons-nous, que, dans cette adresse, vous ne vous soyez point écartés de ces sentimens qui, allumés ou éteints dans nos cœurs, sont la vie ou la mort de notre belle patrie : quelle serait aujourd'hui notre position?

Le ministère Polignac est incapable de rien faire; il n'a rien fait, disait-on.

Et cependant, si nous relisons le discours du roi et les adresses des deux Chambres, qu'y voyons-nous?

Une loi de crédit, prête à être mise sous vos yeux, devait assurer, sans nouveaux sacrifices pour l'Etat, la réparation des places fortes destinées à le défendre; celle des routes et l'achèvement des canaux, sources intarissables de prospérités pour le commerce intérieur; les travaux à terminer dans nos ports, travaux si essentiels pour notre commerce extérieur et pour notre marine militaire, branche si importante de la force et de la grandeur d'un Etat borné à la fois par l'Océan et la Méditerranée; d'autres lois relatives à l'amélioration du sort des militaires en retraite, à l'administration publique, à l'ordre judiciaire, allaient aussi vous être soumises; le budget enfin était également prêt à subir votre examen, et la loi financière eût régularisé la guerre d'Alger.

Ces lois sont pour la plupart indispensables au pays;

on peut dire même qu'elles sont d'urgence ; par le ministère Polignac ou par tout autre, il fallait qu'elles fussent présentées. Etaient-elles bonnes? C'est ce qu'il était de votre devoir d'examiner; et quel qu'eût été le résultat de cet examen, rien n'aurait été dérangé dans le gouvernement de la France. Votre refus de concourir a tout bouleversé. Oui, c'est par lui que, redoublant les craintes du monarque, ceux que vous appelez les *hommes de la violence* viennent de remplacer au ministère et au conseil les hommes de la modération; oui, par lui tout souffre, tout est paralysé, l'inquiétude est à son comble, les esprits s'agitent; ils s'aigrissent de plus en plus ; la fermentation devient générale; enfin, on est au milieu d'un gouvernement constitutionnel et régulier, comme si l'on était dans un gouvernement provisoire, état qui, pour une nation, serait le pire de tous, si cet état n'était pas factice, s'il pouvait se prolonger long-temps. Mais, non; cet état ne durera pas.

Electeurs de la France, et vous, qui allez être nommés par eux, vous ne voudrez pas mettre votre roi dans cette terrible alternative, ou de descendre du trône en consentant à se dégrader, ou de faire usage de ces armes terribles que, dans son article 14, la Charte lui a données, et qu'elle avait réservées sans doute pour de toutes autres prévisions!

Eh quoi! malgré la marche progressive des siècles, serait-il donc toujours vrai de dire que l'expérience ne sert de rien à la généralité des hommes, quelque récente qu'elle puisse être, et quelque prix qu'elle ait coûté?

Faudrait-il que des prétentions et des craintes aveugles fissent sans cesse dépasser aux uns le but, et reculer les autres devant lui avec une sorte de terreur, lorsqu'en se rapprochant franchement, il serait si aisé de s'entendre? Faudrait-il qu'elles missent encore en question le sort d'un grand peuple, lorsque tout semblait réuni pour assurer à jamais son repos, sa gloire et son bonheur?

Ah! lorsque depuis quinze ans la cour et la nation, le pouvoir exécutif et la Chambre élective, se mesurant d'un œil de défiance, ont presqu'incessamment été dans un état d'hostilités qui, bien que modéré par la vénération pour le monarque, et par la salutaire influence de la Chambre des pairs, n'a réellement connu que des trêves; lorsque le pays a été sans cesse en éveil sur la conservation de ses libertés, si, au milieu d'une variation continuelle dans le système du gouvernement, de la préoccupation des esprits, de l'effervescence des partis, la prospérité de la France, par la seule force de ses institutions, toujours cependant en péril, s'est néanmoins accrue d'une manière aussi remarquable, à quel degré s'élèverait donc cette prospérité, si, adoptant une marche uniforme, le gouvernement et le pays, se rapprochant avec franchise, avaient l'un et l'autre pour point de ralliement cette Charte qui doit seule aujourd'hui fixer tous nos regards! ce ne seraient plus des concessions réciproques qu'on se ferait, car la même bonne foi, le même amour de la patrie dirigeant tous les esprits, les vœux seraient communs, et les institutions qui découlent si naturellement de la Charte, seraient bientôt gravées d'une manière ineffaçable sur les tables de la loi.

Alors, solidement constitués, ne vivant plus au jour le jour, au lieu de s'occuper de noms propres et d'intérêts du moment, on s'occuperait sérieusement de la puissance intérieure et extérieure de cette France, dans le sein de laquelle se trouvent tous les élémens de la force et de la grandeur : une fois réunis, ils lui donneraient un tel poids dans les grands mouvemens qui agitent et ont agité long-temps l'Europe, qu'aucun de ces mouvemens ne pourrait se décider sans sa participation ou sans son concours, disons plus, sans que sa gloire et ses intérêts en soient les premiers arbitres.

Français, nous le disons avec toute la conviction d'un homme qui a le sentiment profond de l'amour de la patrie, la restauration a achevé cette fusion de la France ancienne avec la France nouvelle, qui avait été déjà si habilement commencée sous l'empire, et c'est la Charte de Louis XVIII qui l'a cimentée par la consécration des libertés communes à tous et de la représentation nationale : gardons-nous donc bien de porter la moindre atteinte à ce pacte d'union; sacrifions tout, jusqu'à nos répugnances, à son intacte conservation (1). Nous, enfans

(1) Deux changemens des plus graves ont été déjà faits à la Charte, le double vote et la septennalité. Ils ont été sanctionnés par la loi ; on ne peut donc les signaler ici que comme les fanaux qui servent à garantir des écueils ; fanaux que nous voudrions voir planter à la porte de chacune des chambres électorales, avec cette inscription : *La servilité est le pire de tous les choix, est le pire de tous les fléaux !*

Ce n'est qu'avec une extrême circonspection qu'il faut toucher à la Constitution qui régit un Etat ; et dans les temps de troubles , jamais : mieux vaut la dictature, qui n'est que temporaire.

Sans doute, ainsi que tous les ouvrages qui sortent de la main de la révolution, vous, enfans de la gloire, et vous, génération nouvelle qui vous avancez si noblement sur le chemin que nous vous avons si péniblement frayé, et qui êtes les enfans de la Charte et de la monarchie constitutionnelle, soyons éclectiques en histoire et en politique, comme la raison veut qu'on le soit en littérature et en philosophie. Turenne, Condé et Masséna sont de grands hommes, comme Platon, Descartes et Newton sont de grands génies; comme Racine, Chateaubriand et Lamartine sont de grands talens. Tenons-nous donc tous en rangs serrés autour de ce trône, germe fécond de tous les bienfaits; et que ces mots sacrés, *le Roi et la Charte*, ne soient pas seulement dans

des hommes, la Charte de Louis XVIII n'a pas atteint la perfection : voudrions-nous nous élever au-dessus de la nature, qui n'a pas créé d'un seul jet, mais à trait de temps, ce qu'elle nous fait admirer ?

Ainsi, par exemple, si au lieu de la faculté que donne l'art. 42 de la Charte, de choisir la moitié des députés hors de son département, on ne pouvait les prendre que parmi ceux qui y ont leur domicile politique, ce changement n'anéantirait-il pas beaucoup d'intrigues? ne produirait-il pas une représentation plus réelle ?

Si tous les contribuables, divisés en assemblées primaires, étaient appelés à choisir dans une proportion déterminée parmi ceux qui, d'après l'article 40, *peuvent concourir* à la nomination des députés, et nommaient ainsi les électeurs, les choix ne seraient-ils pas plus positivement nationaux? Cela ne vaudrait-il pas mieux que le double vote? Ces questions, et beaucoup d'autres, ne nous semblent pas résolues; mais à moins que des circonstances impérieuses ne nous y forcent, c'est à nos neveux qu'il faut abandonner le soin de les résoudre. Le point essentiel dans une Constitution aussi jeune que la nôtre, c'est de la laisser s'affermir; c'est de la respecter comme l'arche d'alliance de la grande famille des Français.

nos discours, mais bien dans nos cœurs, la devise de tous les Français.

Vous, ministres du roi, et vous, députés de la France, reculez avec une sainte terreur devant la violation du pacte que vous avez juré de maintenir!

Que l'amour du prince et de la patrie vous inspirant cette prudence et cette modération qui sont aussi du courage, repousse loin de vous ce faux orgueil qui nous entraîne trop souvent, une fois que nous y sommes entrés, à persister dans cette voie de l'erreur, où le génie du mal, toujours prêt à s'emparer du sort des nations, sourit déjà à l'idée de voir retomber notre belle France dans tous les maux dont elle est à peine relevée.

Ah! n'allez pas, au nom de la prérogative royale ou des libertés publiques, creuser vous-mêmes, en croyant la défendre, le tombeau de cette Charte qui a sagement défini l'une et consacré toutes les autres.

Nobles pairs, vous qui, plus d'une fois, et notamment dans ces jours néfastes où la Chambre élective s'était égarée dans ses principes, parce qu'elle avait été faussée dans ses élémens, avez déjà sauvé et la Charte et la France, vous qui avez donné naguère le modèle de la fermeté unie à la sagesse, dans cette même allocution qui est aujourd'hui le sujet de nos alarmes, continuez votre ouvrage; que votre voix puissante et chère au pays, fasse comprendre à tous ce mot de *légalité*, qui doit être aujourd'hui le palladium de la monarchie constitutionnelle.

Electeurs, vous dont le concours va bientôt être si influent sur nos destins, rejetez toutes les impulsions étrangères dans lesquelles les partis divers voudraient vous entraîner (1). Pesez mûrement les résultats de votre vote avant de déposer dans l'urne électorale ces

(1) Rien de plus constitutionnel et de plus conforme à la raison que les réunions préparatoires des membres d'un même collége, pour discuter entre eux sur le mérite des candidats et des choix qu'il convient de faire, dans l'intérêt de leur département et du pays en général ; mais ce serait l'un des plus funestes abus de la centralisation, que l'existence d'un comité - directeur dont l'influence, s'étendant sur toute la France, imposerait en quelque sorte aux départemens ses propres choix, au lieu de ceux que ces départemens auraient pu faire et auraient faits, s'ils n'eussent pas été sous le poids de cette influence.

On ne peut se dissimuler que, dans cette supposition, les élections ne dussent courir le danger d'être doublement faussées ; car le gouvernement se trouvant alors dans la nécessité de travailler de son côté ces élections, pour déjouer des manœuvres qui indubitablement lui sont hostiles, comment se pourrait-il que, dans cet état de choses, les hommes de partis ou de coteries ne se trouvassent pas souvent substitués dans la Chambre élective aux hommes du pays, c'est-à-dire aux notabilités départementales, qui sont les véritables élémens de la représentation nationale?

Qu'il existe quelque chose à peu près analogue à ce pouvoir dangereux que nous venons de définir, et que ce soit sous le nom de *comité-directeur* ou sous toute autre qualification, c'est ce qu'il y aurait par trop de simplicité à révoquer en doute. Nous ne citerons qu'un exemple à l'appui de notre assertion, et nous le choisirons de manière à ce que le comité même, si toutefois comité il y a, ne puisse nous en savoir mauvais gré, puisque cet exemple prouvera en faveur de son discernement et de son habileté.

Comment l'élection de l'honorable M. Bertin-Devaux, dans un des arrondissemens de Seine-et-Oise, a-t-elle été assurée? Ne serait-ce pas par la vertu d'une lettre signée entre autres de M. Jacques Laffitte, adressée à M. Benoit, véritable candidat de cet arrrondissement ; lettre par laquelle on invitait M. Benoit à renoncer à sa candidature et à une nomination qu'il pouvait regarder comme

bulletins qui vont décider du repos de la France. Ne consultez que votre conscience, que votre amour pour le roi et pour la patrie; choisissez les plus sages et les plus capables; et que des noms indépendans de tout, si ce n'est des lois, deviennent la garantie de notre pacte social, de nos libertés, de notre avenir.

Et vous, prince vénéré, vous, dont l'antique famille est si glorieusement assise depuis tant d'années sur le trône des Clovis, des Charlemagne, des Capet; vous qui, en devenant l'oint du Seigneur, avez, au nom de celui qui règne sur les rois, juré sur les saints Évangiles d'observer et de défendre nos institutions; ces institutions par lesquelles Louis XVIII, d'éternelle mémoire, a rajeuni la vieille France en l'unissant à la nouvelle; vous repousserez loin de vous quiconque y voudrait porter une

certaine, et à faire reporter les voix de ses amis sur M. Bertin-Devaux?

M. Benoit obéit, et M. Bertin-Devaux fut nommé.

Si l'élection de M. Bertin-Devaux prouve que la puissance quelconque qui veut bien se charger de la nomination des députés, pour éviter de l'embarras à MM. les électeurs, peut arrêter son choix sur des hommes de mérite, il n'en reste pas moins démontré que M. Benoit était l'homme des électeurs, et que c'est M. Bertin-Devaux qui a été élu.

On promit, il est vrai, à M. Benoit, afin de dorer la pillule, de le faire porter au collége départemental; mais on ne voulut pas faire mentir un vieux proverbe, et M. Benoit n'a pas figuré à la Chambre.

Ennemi de tout ce qui peut ressembler à des personnalités, nous ne nous arrêterons pas sur tout ce qu'il y a de bizarre à voir M. Jacques Laffitte servir de Mécène à M. Bertin-Devaux; mais on avouera qu'il a fallu d'étranges péripéties dans les hommes ou dans les circonstances, pour amener un patronage aussi singulier.

On a dit qu'il fallait que la Chambre nouvelle réunît les illustra-

main sacrilége; inébranlable sur le maintien de tout ce que la Charte a consacré, vous montrerez à tous que vous voulez faire respecter les droits de la nation, comme vous avez fait respecter les droits de la couronne.

Et la postérité dira de vous :

Charles X a acquis autant de gloire à maintenir l'édifice de nos libertés, que son frère en eut à l'élever, car par-là, il a assuré à jamais le bonheur de la France!

tions de tous les genres, la gloire des armes, la gloire des lettres, la gloire de l'industrie et la gloire de la science, et peut-être pense-t-on qu'il est bon d'indiquer aux électeurs les coryphées de ces différens genres de gloire.

Nous pensons, nous, que les départemens sauront aussi bien les discerner que ceux qui voudraient les leur faire connaître, et qu'il est bon, qu'il est convenable que la Chambre des députés renferme quelques-unes de ces gloires ; mais ensuite nous avouerons franchement que nous avions cru jusqu'ici que les grandes illustrations dont on nous parle avaient plutôt leur place marquée dans la Chambre des pairs, dans les tribunaux de commerce et dans nos diverses académies, et que la Chambre élective devait être surtout composée de bons propriétaires, de bons négocians, d'hommes aussi indépendans dans leur fortune que fermes dans leurs votes ; enfin, de sages économes de ces deniers publics, qu'on doit d'autant plus ménager qu'ils sont le produit des sueurs de la nation. Nous pouvons nous être trompés ; mais on aura bien de la peine à nous faire revenir de cette idée, parce qu'elle nous paraît fondée sur la raison.

FIN.

www.ingramcontent.com/pod-product-compliance
Lightning Source LLC
Chambersburg PA
CBHW061635060726
47597CB00005B/1914